Paul Celan

Hans-Werner Kiefer
&
Rosemarie Fronert

Paul Celan

Nur der Hauch des Lebens

Gedichte und Bilder

Inhalt

Gedichte und Bilder – Rosemarie Fronert

Eva Pankok
Anmerkungen zu diesem Buch

Eva Pankok

„Auf die Welt kam ich am 14. Juli 1925 - am Jahrestag der Französischen Revolution, des Sturms auf die Bastille. Vielleicht kann ich darum nicht strammstehen. Ich bin mit dem, was die Menschen tun, oft nicht einverstanden und ständig ein Rebell."

Die Künstlerin Eva Pankok malt in der Hauptsache wunderschöne Landschaftsbilder und arbeitet am liebsten in Südfrankreich, in der Provence, wo sie in ihrem Haus regelmäßig die Sommermonate verbringt und ihre bekannten Landschaftsbilder malt und aus der Weite der Landschaft einen typischen Ausschnitt der unverwechselbaren Schönheit dieser Gegend wiedergibt.

Eva Pankok ist die Tochter des international bekannten deutschen Malers, Graphikers und Bildhauers Otto Pankok.

In dem sechzig Motive umfassenden „Passions"-Zyklus; alles Kohle-zeichnungen, bezieht Otto Pankok im Jahre 1933/34 unmissverständ-lich Stellung gegen die Machtergreifung und den Terror der National-sozialisten.

Die Nationalsozialisten verfolgten ihn wegen des christlich-jüdischen Gehalts seiner Bilder als „entartet" und verhängten 1936 ein Berufs-verbot gegen ihn.

Seine „Passion"; ein Urthema der Menschlichkeit, gehört zu den großen bewegenden Themen der europäischen Kunst.

Otto Pankok widmete viele seiner Werke den Verarmten und Ausge-stoßenen und stieß dabei 1931 auf die Sinti und Roma, die ihn bis an sein Lebensende faszinierten.

Eins seiner bekanntesten Werke ist der Holzschnitt „Jesus zer-bricht das Gewehr", das in der Friedensbewegung aufgegriffen wurde.

Otto Pankok war unter anderem Professor an der Düsseldorfer Kunst-akademie; zu seinen Schülern gehörte u.a. auch Günter Grass.

Eva Pankok leitet das Otto-Pankok-Museum im „Haus Esselt" bei Drevenak in Hünxe; nahe Wesel und verwaltet hier das große Erbe ihres Vaters.

Während ihr Vater zeit seines Lebens seiner schwarz-weiß-Technik treu blieb, fand sie schon früh zur Farbigkeit.

„Für die Farbe"; so Otto Pankok, „ist Eva da".

Sehr geehrter Herr Kiefer
Sehr geehrte Frau Fronert

Wie Sie ja wissen, habe ich die Nazizeit von Kindheit an bewusst erlebt. Ich habe aber trotz unserer lieblosen Zeit immer noch wunderbare Begegnungen mit Menschen und Tieren sowie Bäumen und Landschaften und zeige sie in meinen Bildern.

Von dem im Buch genannten Dichtern kannte ich unter anderem Else Lasker-Schüler persönlich. Sie habe ich schon als Kind sehr geliebt.

Im Otto-Pankok-Museum hängen immer in einem Raum: „Das jüdische Schicksal" in der Nazizeit entstandene Bilder.

Ihre Farbenbilder drücken die traurige Geschichte von Paul Celan sehr sehr gut aus.

Wie wichtig war die Begegnung für Hans-Werner Kiefer und Rosemarie Fronert mit den traurigen, verzweifelten Gedichten von Paul Celan, einem Menschen, dessen Leben zerstört wurde, der aber dennoch bis zum Schluss ein Mensch blieb und trotz Verzweiflung die Kraft hatte, sein Leben in seinen Gedichten auszudrücken. So überlebte er die Nazizeit, nahm sich aber dann das Leben.

Auch heute noch gibt es viele Menschen wie Celan, man muss sie in die Arme nehmen.

Frau Fronert und Herr Kiefer; Sie gehören auch zu diesen Menschen, und Sie halten ihr Denken und Fühlen in ihren Gedichten fest.

Alle Dichter und bildenden Künstler sollten die gesamte Schöpfung zeigen — so, wie sie diese erleben — nämlich alles, was sie lieben, aber auch das, was sie für gefährlich erachten, damit die Welt nicht noch mehr zerstört wird.

Solange sie einen Stift oder Pinsel in der Hand halten können, sollten sie schreiben oder malen, jedoch nicht nur Farben, nein, auch Menschen, Tiere, Bäume, Pflanzen in ihrer Gestalt, ihr Leben.

Das Ende von Paul Celan sollte die Menschen wachrütteln, nicht stumm machen. Darum, Herr Kiefer, gilt es, nicht zu verzweifeln. Und es ist wichtig, Frau Fronert, sich vor Augen zu halten, dass der wahre Gottesstreiter nicht mit Waffen kämpft, und dass das Glück des „Miteinanders siegt und Frieden schaffen wird".

Das Miteinander fehlt leider aber heute allzu oft, und darum freue ich mich umso mehr auf das Erscheinen ihres gemeinsam geschaffenen Gedichtbandes, der mich in besonderer Weise anspricht, da auch ich die Nazizeit mit Bedrohung, Angst, Zweifel, aber auch in dem Gefühl des Miteinanders, der Freundschaft und Solidarität durchlebt habe.

Eva Pankok

„Wirklichkeit ist nicht,
Wirklichkeit will gesucht und gewonnen sein"

Paul Celan
deutschsprachiger jüdischer Übersetzer, Dichter und Lyriker
23.11.1920 geboren – 20.04.(?) 1970 gestorben

Paul Antschel, später Paul Celan, wurde am 23. November 1920 als einziges Kind von Leo Antschel-Teitler und Friederike Antschel, geborene Schrager, beide deutschsprachige Juden „mosaischen Glaubens", in Czernowitz (Rumänien), der Hauptstadt der Bukowina, in der Wassilkogasse 5 geboren.

Die Bukowina (Buchenland) ist eine historische Landschaft in Südosteuropa. Sie grenzt im Süden an die Karpaten, den Übergang nach Siebenbürgen bildet der aus dem Dracula-Roman bekannte Borgo-Pass. Sie ist Quellgebiet von Pruth und Sereth, ein weiterer Hauptfluss ist der Dnjestr. Czernowitz als Hauptstadt der Bukowina war bis an die Jahre 1940/41 heran eine hochkultivierte, wahrhaft europäische Stadt, in der die deutsch-jüdische Symbiose, wenn irgendwo überhaupt, für ein knappes Jahrhundert gelungen war.

Bücher, Ideen und die Künste spielen im Alltag eines Volkes eine lebenswichtige Rolle, und eben dieses Außergewöhnliche war in Czernowitz der Fall.

Das „buntschichtige" Czernowitz mit seiner jüdischen, ukrainisch-, rumänisch- und deutschsprachigen Bevölkerung bildete den Ursprung für Paul Celans bemerkenswerte Mehrsprachigkeit. Zu den im Alltag erlernten Sprachen kamen durch Schule und Studium weitere hinzu, so dass er neun Sprachen beherrschte und aus ihnen übersetzte.

Paul Celans Vater Leo Antschel-Teitler war 1890 im Dorf Schipenitz bei Czernowitz geboren und aufgewachsen und hatte eine streng orthodoxe Erziehung erhalten.

Paul Celans Mutter Friederike wurde 1895, als Tochter des Kaufmanns Philipp-Schraga Schrager in der Hochburg des Chassidismus in Sadagora, keine fünfzehn Kilometer von Czernowitz entfernt, geboren. Die gemeinsame Begeisterung für deutsche Dichtung sollte später eine entscheidende Dimension der so engen Beziehung zwischen Mutter und Sohn sein.

Nach dem Besuch des deutschsprachigen Meisler-Kindergartens und der gleichnamigen Grundschule besuchte Paul Celan vom Herbst 1930 an das staatliche rumänische Oberrealgymnasium „Liceul Ortodox de Baeti" in Czernowitz. In dieser Zeit war Rainer Maria Rilke der unumstrittene Lieblingsdichter des jungen Paul Celan. Rainer Maria Rilke (4.12.1875 in Prag geboren – 29.12.1926 in Valmont gestorben), war ein österreichischer Autor und einer der bedeutendsten Lyriker deutscher Sprache. Für Rainer Maria Rilke galt die Herrschaft über die Natur nicht mehr unangefochten: „Man darf der Denkart derjenigen nicht mehr uneingeschränkt vertrauen, die vorgeben, alles zu wissen, was wird und war".

Ende 1933 hörte Paul Celan zum ersten Mal einen lebendigen Bericht über die nach der Machtübernahme Adolf Hitlers beginnenden Judenverfolgungen im Deutschen Reich. Onkel David, der Bruder seines Vaters, hatte Deutschland verlassen müssen und wollte in der alten rumänischen Heimat neu beginnen.

Paul Celans Interesse für soziale Fragen oder Politik begann bereits entscheidend nach der Bar Mitzwah im Jahre 1934.

Er und seine Jugendfreunde waren in ihren Anschauungen noch stärker radikal und links orientiert als ihre Eltern. Ohne deren Wissen und Einverständnis schlossen sie sich der illegalen kommunistischen Jugendorganisation an. Zu dieser Gruppe gehörte auch Edith Horowitz, später Silbermann, zu der er bis zu seinem Tod ein freundschaftliches Verhältnis hatte.

Die Gruppe um Paul arbeitete daran, eine illegale Schülerzeitschrift in rumänischer Sprache herauszugeben, den „Roten Schüler" (Elevul Rosu).

Das Blatt, das in Format und Farbe der „Fackel" von Karl Kraus und Ossietzkys „Weltbühne" glich und von diesen oft auch inspiriert war.

Ein Jahr nach dem „Kleinen Baccalaureat" verließ Paul Celan im Jahre 1935 das rumänische Staatsgymnasium; auch aufgrund bereits stärker werdenden antisemitischen Tendenzen in der Lehrerschaft, und ging ans Ukrainische Staatsgymnasium „Liceul Marele Voevod Mihai" in Czernowitz.

In den Jahren 1937/1938 kam unter dem Zweigespann Goga-Cuza eine faschistische Regierung in Rumänien an die Macht.

Auch für Paul Celan, der als Gymnasiast der illegalen kommunistischen Jugendorganisation angehörte und durchaus kosmopolitisch ausgerichtet war, wird der Druck durch zunehmenden Antisemitismus immer härter. Im Juni 1938; noch nicht achtzehnjährig, legte er am ukrainischen Staatsgymnasium das Baccalaureat ab.

Zu dieser Zeit beschreiben ihn seine Freunde wie folgt:

„Paul Celan konnte sehr lustig und ausgelassen sein, aber seine Stimmung schlug oft jäh um, und dann wurde er entweder grüblerisch, in sich gekehrt oder ironisch, sarkastisch. Er war ein leicht verstimmbares Instrument, von mimosenhafter Empfindsamkeit, narzisstischer Eitelkeit, unduldsam, wenn ihm etwas wider den Strich ging oder jemand ihm nicht passte, zu keinerlei Konzession bereit. Das trug ihm oft den Ruf ein, hochmütig zu sein."

Am 9. November 1938 trat Paul Celan seine erste große Reise an; nach Frankreich zum Studium der Medizin an der Ecole de Medicine in Tours. Was der junge Paul Celan an seinem Abfahrtstage nicht erahnen; geschweige denn wissen konnte, vollzog sich an diesem Datum von weltgeschichtlicher Bedeutung und zugleich von höchster Bedeutung für ihn und die Seinen.

In der Nacht vom 9. auf den 10. November 1938 begannen die Novemberpogrome 1938; auch Reichspogromnacht oder auch Reichskristallnacht genannt.

Ab dem 10. November 1938 wurden Juden in Konzentrationslagern inhaftiert und ermordet. Fast alle Synagogen und viele jüdische Friedhöfe in Deutschland und Österreich wurden zerstört.

Es war eine vom nationalsozialistischen Regime organisierte und gelenkte Zerstörung von Leben; Eigentum und Einrichtungen der Juden im gesamten Deutschen Reich.

Die Pogrome markierten den Übergang von der Diskriminierung und Ausgrenzung der deutschen Juden seit 1933 zur systematischen Verfolgung, die knapp drei Jahre später in den Holocaust an den europäischen Juden im Machtbereich der Nationalsozialisten mündete.

Die „Endlösung der Judenfrage" entwickelte sich somit aus einem Prozess der Diskriminierung, der Ausgrenzung, der Verfolgung und schließlich der Deportation und Ermordung einer Minderheit.

Der Holocaust war der geplante Völkermord an Juden in der Zeit des Nationalsozialismus sowie die systematische und massenhafte Ermordung mehrerer nichtjüdischer Gruppen wie etwa von Roma, Sinti, Jenischen, Behinderten, Zeugen Jehovas, Homosexuellen, polnischen

Intellektuellen, sowjetischen Kriegsgefangenen und schwarzen Deutschen.

In der Zeit von 30. Januar 1933 (Regierungsübernahme der Nationalsozialisten) bis zum 8. Mai 1945 (Kapitulation des deutschen Reiches) wurden in Europa etwa 6 Millionen Juden durch die Nazis und deren Kollaborateure ermordet.

Im Juli 1939 bestand Paul Celan die fälligen Examina; er bestand das Abschlussexamen des ersten Studienjahres, und fuhr nach Czernowitz zurück mit dem festen Vorsatz, zum Herbst sein Studium in Tours fortzusetzen. Dazu konnte es jedoch nicht mehr kommen.

Mit dem Polenfeldzug am 1. September 1939, ohne vorherige Kriegserklärung, löste das nationalsozialistische Deutschland den Zweiten Weltkrieg in Europa aus.

Nachdem Paul Celan definitiv nicht mehr nach Frankreich zurückkehren konnte, wurde aus dem Aspiranten der Medizin ein Philologiestudent (Sprach- und Literaturwissenschaft).

Im Sommer 1939 immatrikulierte er sich an der Universität Czernowitz für Romanistik (Romanische Philologie) im Studienjahr 1939/40.

Am 20. Juni 1940 besetzte die Rote Armee (Streitkräfte der Sowjetunion) gemäß dem Hitler-Stalin-Pakt die nördliche Bukowina.

Für Paul Celan bedeutete die Besetzung der Russen die Schließung der rumänischen Universität in Czernowitz. Nach der Schließung der Universität nahm er die Stelle des Dolmetschers einer russischen Einquartierungskommission an.

Im Sommer 1940 lernte er die Schauspielerin Ruth Lackner kennen. Mit ihr verband ihn eine jahrelange, leider unerfüllte Liebesbeziehung.

Bis zum 13. Juni 1941 ließen die Russen auch die Czernowitzer Juden in Ruhe, dann wurden sie nach Sibirien deportiert; gebrandmarkt als

Zionisten, Revisionisten, Kapitalisten, Gutsbesitzer und grotesker-
weise auch als Freunde Nazideutschlands.

Ruth Lackner unterstützte Paul Celans Ansicht; dass aufgrund der
mit der sowjetischen Besatzungsmacht gemachten Erfahrungen ein
Aufenthalt bzw. Leben in der Sowjetunion für beide unmöglich ist und
die Nazis nicht ewig regieren würden.

Auch Paul Celan glaubte an die Nation der „Dichter und Denker".
Er blieb in Czernowitz; einem Ort der durch kulturelle Vielfalt und
sprachliche Polophonie geprägt war. Hier in Czernowitz wurde er ge-
boren, hier verbrachte er seine Jugend, hier begannen die intensiven
Auseinandersetzungen mit der deutschen, französischen, englischen,
ukrainischen, rumänischen, hebräischen, lateinischen, jiddischen und
russischen Literatur, hier entstehen die ersten Liebesbeziehungen, hier
entstehen die ersten Gedichte und hier markiert jetzt das Jahr 1941 den
entscheidenden dramatischen Bruch in Paul Celans Leben.

Nach Hitlers Überfall auf die Sowjetunion am 22. Juni 1941 ziehen
am 05. Juli 1941 rumänische Truppen und die berüchtigte deutsche SS-
Einsatzgruppe D in die Stadt Czernowitz ein.

Jetzt begann auch für Paul Celan, seine Familie und seinen Freunden
die rumänisch-deutsche Schreckensherrschaft mit Terror, Erniedrigung,
Vertreibung und Ermordung.

Wer als Jude nach dem Einmarsch der rumänisch-deutschen Truppen
noch lebte, musste jetzt einen Judenstern tragen und Zwangsarbeit
leisten. Auch Paul Celan wurden jetzt seine Bürgerrechte entzogen;
zum Tragen des gelben Judensterns gezwungen und zu unbezahlter
Zwangsarbeit verpflichtet.

Ebenfalls wurde ein striktes Ausgehverbot ab sechs Uhr abends aus-
gesprochen, was ihn an sein Wohnhaus bindete.

Im Juni 1942 setzt in Czernowitz die zweite Deportationswelle ein.

Jetzt war auch die Familie Antschel unmittelbar in Lebensgefahr.

Am 27. Juni 1942, einem Samstagabend, holten die Gestapo oder örtliche Gendarmen bis zum Morgengrauen wiederum die Menschen aus ihren Betten, verfrachteten sie auf Lastwagen und brachten sie zu Viehwaggons, die am Czernowitzer Bahnhof für Familien, Kinder, Alte, Waisen, Kranke und Behinderte zur Deportation bereitstanden.

Es war die Nacht, die Paul Celans Leben und seine Kunst so sehr verändern sollte.

Paul Celan gelang es in dieser Nacht, sich der Verschleppung in das Vernichtungslager in der Ukraine zu entziehen, indem er sich bei Freunden versteckte. Seine Eltern, die er intensiv bat, sich außerhalb ihrer Wohnung zu verstecken, wollten nicht noch einmal flüchten.

Als er am Montag früh die elterliche Wohnung betreten wollte, fand er die Eingangstür versiegelt; Leo und Friederike Antschel waren abgeholt worden; der Transport hatte Czernowitz längst verlassen.

Leo Antschel, der als Jude immer an Abraham, Moses und seine zionistische Sehnsucht nach Kanaan; nach Palästina geglaubt hatte, war jetzt durch rumänisch-deutsche Mörderregime am Ende seines Lebens angekommen. Er stirbt im Herbst 1942 in einem Vernichtungslager in Transnistrien an Typhus. Paul Celan konnte auch seiner Mutter, die in der Mannschaftskantine im ukrainischen Todeslager in Michailowka Köchin war, nicht helfen.

Im Winter 1942 erhält er durch einen aus Transnistrien geflüchteten Verwandten die Nachricht vom Tode seiner Mutter.

Friederike Antschel wurde durch Genickschuss ermordet.

Mit der Ermordung seiner Eltern war die so geliebte deutsche Muttersprache im wörtlichen Sinne zur Mördersprache geworden.

Es gab nicht nur einen Mörder; ein ganzes Volk potentieller Mörder sprach diese deutsche Sprache.

In seiner späteren „Bremer Rede" im Jahre 1958 erklärt Paul Celan: „Sie, die Sprache, blieb unverloren, ja, trotz allem. Aber sie musste nun hindurchgehen durch ihre eigenen Antwortlosigkeiten, hindurchgehen durch furchtbares Verstummen, hindurchgehen durch die tausend Finsternisse todbringender Rede. Sie ging hindurch und gab keine Worte her für das, was geschah; aber sie ging durch dieses Geschehen. Ging hindurch und durfte wieder zutage treten, „angereichert" von all dem."

Nach dem Tod seiner Eltern verrichtete Paul Celan noch immer seinen Zwangsarbeitsdienst in der südlichen Moldau.

Im Februar 1944 wurden die Juden, so auch Paul Celan, in den Arbeitslagern in der südlichen Moldau beim Näherrücken der Front in aller Stille in Urlaub geschickt; kurze Zeit später wurden die Lager aufgelöst. Der Zwangsarbeitsdienst unter rumänischer Führung war für Paul Celan beendet; er fuhr wieder heim nach Czernowitz.

Im Frühling 1944 kehrte die rumänische Polizei unerwartet wieder zur strengen Überwachung der Juden zurück. Anfang April bombardierten die Sowjets, die schon in Transnistrien am Dnjestr, in der von deutschen besetzten Ukraine standen, die Stadt Czernowitz. Im April 1944 zog die sowjetische Rote Armee kampflos in die Stadt Czernowitz ein. Die Rotarmisten lächelten bei dieser zweiten Besetzung nicht mehr; in ihren Augen hatten die Bewohner der Bukowina mit den deutschen und rumänischen Truppen kollaboriert, und für sie waren alle schuldig, auch die Juden. Auch jetzt brauchten die Russen wieder sogenannte Freiwillige und unbezahlte Arbeitskräfte; schon wieder musste auch der Jude Paul Celan Zwangsarbeit leisten.

Neben der Zwangsarbeit drohte jedoch ein weiteres Unheil; die Russen brauchten, da der Krieg noch weiterging, Hilfstruppen und suchten aufgrund dessen jüdische Rekruten für ihre antisemitische Legion. Da

Paul Celan der Militärpflicht unterlag, musste er einen Ausweg suchen.

Auch jetzt half ihm Ruth Silbermann. Ihr Ehemann Dr. Jakob Silbermann und Hersch Segal verschafften ihm beim Leiter der Landesirrenanstalt, Psychiater Dr. Pinkas Mayer eine Stelle als Arzthelfer. Aufgrund der Stelle in der psychiatrischen Klinik wurde er vom Militärdienst befreit und konnte so der Einziehung entgehen.

Am 1. Juli 1944 reist er im Rahmen eines offiziellen Arbeitseinsatzes als medizinische Hilfskraft der psychiatrischen Klinik Czernowitz nach Kiew, der Hauptstadt der Ukraine. Nach seiner Rückkehr war mit ihm erkennbar eine Veränderung vor sich gegangen; sein Leid hatte unauslöschbare Spuren hinterlassen. Seine Heiterkeit, seine Freude am Theaterspiel und andere Belustigungen gehörten der Vergangenheit an. Auch sein Äußeres veränderte sich; was selbstverständlich auch zum großen Teil an der sehr schlechten Allgemein- und Versorgungslage lag.

In dieser Zeit entsteht Paul Celans dramatisches Epochengedicht Todesfuge.

Die seelischen Wandlungen kamen auch bei den Begegnungen mit seinen Freunden zum Ausdruck. Viele seiner Freunde hatten es geschafft, ihre Eltern aus dem Zug zu holen und ihnen damit das Leben gerettet; andere waren zusammen mit ihren Eltern nach Transnistrien deportiert worden und blieben fast zwei Jahre bei ihnen; standen ihnen bei, ehe sie mit ihnen wieder lebend nach Czernowitz zurückkehrten. Paul Celan blieb sich bewusst, nicht einmal das für seine Eltern; hauptsächlich für seine innig geliebte Mutter, getan zu haben.

Dieser Abgrund der Vergangenheit traumatisierte ihn; Depressionen, Beziehungsstörungen, Ängste aller Art, Ruhelosigkeit und großes Misstrauen waren unter anderem die Folge. Hinzu kommt jetzt auch wahrscheinlich das „Schuldgefühl des Überlebenden"; ein psychisches

Syndrom namens „Survivor Guilt"; das die tragische Verarbeitung des Erlebten durch Überlebende großer Katastrophen bezeichnet.

Auch Paul Celan fühlte sich offensichtlich für sein eigenes Überleben schuldig und auch er stellte sich selbst immer wieder die Frage: „Warum mussten sie sterben und nicht ich?" Seine schmerzenden und quälenden Schuldgefühle, etwas Falsches getan zu haben, konnte er sein Leben lang nicht überwinden; geschweige denn sich selbst verzeihen.

Diesem Schuldgefühl seinen ermordeten Eltern gegenüber war er lebenslang ausgesetzt; auch dies war und ist bis heute ein furchtbares und abgrundtiefes Erbe der deutschen diktatorischen und mörderischen nationalsozialistischen Herrschaft.

Im Herbst 1944 eröffneten die Sowjets wieder die jetzt russisch-ukrainische Universität in Czernowitz. Paul Celan konnte somit seine Studien Romanistik und Anglistik wieder aufnehmen.

Am 30. April 1945, zehn Tage nach seinem 56. Geburtstag, nahm sich Adolf Hitler; nachdem die sowjetischen Truppen auch Berlin eingenommen hatten, im Bunker der Berliner Reichskanzlei das Leben.

In den kommenden Monaten zwischen der Abreise von Ruth Lackner und Paul Celan aus Czernowitz wurde Paul Celan von einer neuen Leidenschaft zu einer Frau ergriffen; er verliebte sich in Rosa Leibovici.

Ende April 1945 verließ Paul Celan seine geliebte Heimatstadt Czernowitz für immer und flüchtete nach Bukarest. Bukarest, die Hauptstadt Rumäniens war nicht nur politisches und wirtschaftliches Zentrum sondern auch kulturelles Zentrum Rumäniens.

Als am 8. Mai 1945 Glockengeläut den lang ersehnten Frieden verkündete und der Zweite Weltkrieg beendet war, weilte Paul Celan im Kreis der rumänischen Surrealisten und übersetzte Bücher und begann unter anderem in rumänischer Sprache zu dichten.

Hier traf er auch den Bekannten Dichter Alfred Margul-Sperber, dem er seine Dichtung zur Beurteilung vorlegte. In dieser Bukarester Zeit zerbrach die unerfüllte Liebe zu Ruth Lackner, mit der er jedoch aufgrund der intensiven seelischen Bindung immer befreundet blieb.

Paul Celan wohnte jetzt bei seinem Freund Leonid Miller in der Strada Roma 47. Rosa Leibovici folgte ihm wenig später nach Bukarest.

Im Herbst 1945 nahm Paul Celan die Stelle eines Lektors und Übersetzers beim Verlag „Cartea Rusa" an.

Die Beziehung zu Rosa Leibovici ging bereits nach kurzer Zeit der Freundschaft und Liebe zu Ende.

Ein Jahr später; im Herbst 1946, begann die Freundschaft mit dem Verlagskollegen Petre Solomon, der ihn u.a. mit dem einflussreichen rumänischen Dichter und Kritiker Ion Caraion, der Herausgeber einer Anthologie moderner Lyrik, bekannt machte. Auch ihm legte Paul Celan einige seiner Gedichte zur Beurteilung vor.

Es ist nicht sicher zu klären, ob Paul Celan jetzt seine ersten Gedichte von sich aus unter einem Pseudonym veröffentlichen wollte, oder ob er von seinen jetzigen Freunden hierzu beeinflusst wurde. Bereits in Czernowitz hatte man über diese Frage diskutiert. Der Rechtsanwalt Dr. Silbermann, jetziger Ehemann von Paul Antschels Freundin Edith Horowitz, legte Paul Antschel eine Namensänderung nahe; die offensichtlich jetzt durch Alfred Margul-Sperbers Gattin Jessika durch den Vorschlag zum Anagramm Celan zum tragen kam.

In den Bukarester Nächten entstanden viele Gedichte Paul Celans, die später in „Der Sand aus den Urnen" und „Mohn und Gedächtnis" veröffentlicht wurden.

Am 2. Mai 1947 wurde das Gedicht „Todesfuge" in der rumänischen Übersetzung „Tangoul mortii" (Todestango) in seiner endgültigen Fassung unter dem Pseudonym Paul Celan veröffentlicht.

Im Dezember 1947 unternahm Paul Celan auf eigene Faust und mit einem Empfehlungsbrief Margul-Sperbers über die rumänisch-ungarische Grenze die lebensgefährliche Flucht aus seiner diktatorisch (kommunistisch-stalinistisch) beherrschten Heimat über Budapest in die österreichische Stadt Wien, dem Ziel seiner Sehnsucht.

Bereits im Januar 1948 begegnete er u.a. seine spätere große Liebe Ingeborg Bachmann (Schriftstellerin) und Ludwig von Ficker (Schriftsteller und Verleger), der anmerkte, dass Paul Celan dazu berufen sei, das Erbe von Else Lasker-Schüler anzutreten.

Im Juni 1948; kurz vor der Abreise aus Wien, begegnete er dem Kunsthistoriker und Lyriker Klaus Demus, mit dem er eine der engsten Freundschaften seines Lebens pflegte.

Am 15. Juli 1948 übersiedelte Paul Celan nach Paris. Hier war er zunächst staatenlos, besitzlos, arbeitslos, namenlos und wohnte ganz in der Nähe der Sorbonne, im Hotel d`Orleans.

Ab Herbst studierte er Germanistik und Sprachwissenschaften an der Sorbonne; der Universität in Paris; wo auch sein Freund Klaus Demus studiert. Ende des Jahres ließ er sich auf eine literarische und menschliche Beziehung ein, die für sein weiteres Leben unabsehbare und katastrophale Folgen haben sollte; das Ehepaar Yvan und Claire Goll.

Im Juli 1950 erwirbt er das Studienabschlussexamen mit dem Abschluss: Licence es-Lettres. In dieser Zeit scheitert die Freundschaft zu Ingeborg Bachmann; im Herbst beenden sie ihre Beziehung.

Im November 1951 lernt er die Künstlerin und Graphikerin Gisele de Lestrange kennen. Ein Jahr später, am 23. Dezember 1952 heiraten sie.

Am 7. Oktober 1953 wurde der Sohn Francois geboren; er starb jedoch kurz nach seiner Geburt. Am 6. Juni 1955 kam der Sohn Claude Francois Eric zur Welt.

Am 17. Juli 1955 erhält Paul Celan die Staatsbürgerschaft der Republik Frankreich.

Ab 1957 hatten die Celans in Paris endlich eine ordentliche Wohnung im schönen Trocadero-Viertel; seit 1962 verfügte die Familie auch über ein altes Bauernhaus im Moisville in der Normandie.

In Paris intensivierte Paul Celan die dichterische Arbeit, ist aber auch als Übersetzer und von 1959 an bis zu seinem Tode als Deutschlehrer an der Pariser Ecole Normale Superieure (ENS), Rue d`Ulm tätig.

Im April 1960 verstärkten sich die schweren ungerechtfertigten Plagiatsvorwürfe von Claire Goll, der Witwe des jüdischen Dichters Yvan Goll , dem Paul Celan freundschaftlich verbunden gewesen war. Claire Golls inszenierte Hetzkampagnen hatten Paul Celan; neben den Erlebnissen der Shoa und den nazistischen Massenmorden an den Juden und vor allem an seinen Eltern, buchstäblich traumatisiert und bis an sein Lebensende verfolgt und gesundheitlich sehr schwer belastet.

In Zürich begegnet Paul Celan Ende Mai 1960 der Dichterin und Lyrikerin Nelly Sachs. Der Versuch zweier gezeichneter Menschen, sich zu helfen und nahe zu kommen, scheiterte jedoch. Nach jahrelangem Aufenthalt in einer psychiatrischen Klinik stirbt Nelly Sachs am 12. Mai 1970, am Tage der Beerdigung von Paul Celan.

In Paris besucht Paul Celan am 13. September 1960 den so verehrten jüdischen Religionsphilosophen Martin Buber. Die Begegnung war für ihn enttäuschend, da dieser seine Nöte und Gedanken ignorierte und wie Nelly Sachs den Deutschen gegenüber einen für ihn zu versöhnlichen Standpunkt einnahm.

Paul Celan wurde nach mehreren Selbstmordversuchen mehrmals in psychiatrische Kliniken eingeliefert; erstmals 1963 und auch u.a. im Jahre 1965, als er seine Frau Gisele in einem Wahnzustand mit einem

Messer töten wollte. Im November 1967 beschlossen Beide die räumliche Trennung, blieben jedoch weiterhin in Verbindung.

Am 30. September 1969 flog Paul Celan nach Israel; es war die letzte große Zäsur in seinem Leben. Mit der für ihn sehr schmerzlichen Einschätzung, dass er auch hier „nicht dazu gehören durfte", brach er die Reise frühzeitig ab.

Die nachzustotternde Welt,
bei der ich zu Gast
gewesen sein werde, ein Name,
herabgeschwitzt von der Mauer,
an der eine Wunde hochleckt.

Auch mit diesen erschütternden Zeilen verabschiedete sich einer der bedeutendsten Lyriker und Dichter der Nachkriegszeit.

Die Umstände und das Datum seines Todes sind nicht geklärt. Vermutlich in der Nacht vom 19. zum 20.04.1970 suchte Paul Celan im Alter von 49 Jahren den Freitod in der Seine.

Sein Leichnam wurde am 01.05.1970 bei Courbevoie, zehn Kilometer flussabwärts von Paris, aus der Seine geborgen.

Am 12.05.1970 wird Paul Celan auf dem französischen Friedhof Thiais / Val-de-Marne; in der Nähe von Paris beigesetzt.

Nachfolgend ist Paul Celans berühmtes Gedicht Todesfuge, das den Mord an den europäischen Juden durch die Nationalsozialisten in einem Konzentrationslager umschreibt, zu lesen.

„Der Tod ist ein Meister aus Deutschland"; so Paul Celan.

Es wurde wohl kaum ein anderes Gedicht geschrieben, das so eindringlich, nachhaltig, erinnernd und erschütternd von der Shoa spricht.

Todesfuge

Schwarze Milch der Frühe wir trinken sie abends

wir trinken sie mittags und morgens wir trinken sie nachts

wir trinken und trinken

wir schaufeln ein Grab in den Lüften da liegt man nicht eng

Ein Mann wohnt im Haus der spielt mit den Schlangen der schreibt

der schreibt wenn es dunkelt nach Deutschland dein goldenes Haar Margarete

er schreibt es und tritt vor das Haus und es blitzen die Sterne

er pfeift seine Rüden herbei

er pfeift seine Juden hervor läßt schaufeln ein Grab in der Erde

er befiehlt uns spielt auf nun zum Tanz

Schwarze Milch der Frühe wir trinken dich nachts

wir trinken dich morgens und mittags wir trinken dich abends

wir trinken und trinken

Ein Mann wohnt im Haus der spielt mit den Schlangen der schreibt

der schreibt wenn es dunkelt nach Deutschland dein goldenes Haar Margarete

Dein aschenes Haar Sulamith wir schaufeln ein Grab in den Lüften da liegt

man nicht eng

Er ruft stecht tiefer ins Erdreich ihr einen ihr andern singet und spielt

er greift nach dem Eisen im Gurt er schwingts seine Augen sind blau

stecht tiefer die Spaten ihr einen ihr andern spielt weiter zum Tanz auf

Schwarze Milch der Frühe wir trinken dich nachts

wir trinken dich mittags und morgens wir trinken dich abends

wir trinken und trinken

ein Mann wohnt im Haus dein goldenes Haar Margarete

dein aschenes Haar Sulamith er spielt mit den Schlangen

Er ruft spielt süßer den Tod der Tod ist ein Meister aus Deutschland

er ruft streicht dunkler die Geigen dann steigt ihr als Rauch in die Luft

dann habt ihr ein Grab in den Wolken da liegt man nicht eng
Schwarze Milch der Frühe wir trinken dich nachts
wir trinken dich mittags der Tod ist ein Meister aus Deutschland
wir trinken dich abends und morgens wir trinken und trinken
der Tod ist ein Meister aus Deutschland sein Auge ist blau
er trifft dich mit bleierner Kugel er trifft dich genau
ein Mann wohnt im Haus dein goldenes Haar Margarete
er hetzt seine Rüden auf uns er schenkt uns ein Grab in der Luft
er spielt mit den Schlangen und träumet der Tod ist ein Meister aus
Deutschland
dein goldenes Haar Margarete
dein aschenes Haar Sulamith

„Ein Bild ist nicht von vornherein ganz durchdacht und festgelegt. Während man daran arbeitet, gleicht es sich den forteilenden Gedanken an.

Wenn es beendet ist, verändert es sich weiter, je nach der Gemütsverfassung des Beschauers.

Ein Bild lebt sein eigenes Leben wie ein lebendiges Wesen, und es macht die gleichen Wandlungen durch, denen wir im alltäglichen Leben unterworfen sind.

Das ist ganz natürlich, da das Bild nur Leben hat durch den Menschen, der es betrachtet. "

Pablo Picasso

Todesfuge – Mischtechnik auf Papier 0,97 χ 0,63 cm 2007
Hans-Werner Kiefer

Annäherung an Celan

Frei für Gedanken, offen für Neues; mitten im Labyrinth.
Celans Leben, seine Lyrik, sein Epochenwerk – der Tod bestimmt.

Verwirrt, beschämt, sprachlos; und doch so klar.
Schwierige Gedichte, Gefühle, seine Augen – alles ist nah.

Lyrischer Landvermesser, Antifaschist; Wahrheit ohne Schein.
Gedenken und verstehen – Wirklichkeit will gesucht und gewonnen sein.

Geliebtes Brunnenland, Sprachengräber; deutsch-jüdischer Lebensbereich.
Brunnengesänge, Sand aus den Urnen, Todesfuge – Celans Totenreich.

Vernichtungslager, Vater Thyfus, Mutter Genickschuß; umgebracht.
Der Tod ist ein Meister aus Deutschland – Lebensnarben sichtbar gemacht.

Eiserne Garde, höllenfolgende Zivilisation; sprachlos erstickende Bilder.
Sprache als Waffe, Buchstabenmahnmale – Gitterstäbe als Halteschilder.

Kindheit, Wortvermächtnisse, Churbau, Psychotraumen; Celans Heimatwelt.
Heutiges schweigen und leugnen – Wahrheit auf den Kopf gestellt.

20. Jänner, 2007, NPD, christliche Politiker; viröse Rückbesinnung.
Die Stimme der Faschisten lebt – demokratisch unbestrafte Gesinnung.

Zukunft ohne Vergangenheit, Ich und Mein; wertlos verdientes Geld.
Respektlos, Kulturlos, Fugenlos – die nachzustotternde Welt.

Celan lesen, erarbeiten, verstehen; alles macht Sinn.
Das Ende seines Lebens ist erst der Beginn.

Hans-Werner Kiefer

Nur das Flüstern des Windes

Hauch von Versaille, Brunnenland, Kindergeschrei; im Aufbruch erwacht.
Deutsch jüdische Eltern – mosaischer Glaube zum Atmen vermacht.

Geliebte Bukowina, Kleinbürgertum; Wortspielzeuge in Händen haben.
Sprache als Existenz, Wiener Liedl im Ohr – mütterliches Sprachengraben.

Wälder, Samen, Brunnenstufen; Landschaft die auch ihn erfand.
Zionistische Vatersehnsucht, Leitgedanken – väterliches Niemandsland.

Volksgarten, Töpferberg, Bahngleise; Bäuerinnen im Marktgeschehen.
Botanischer Garten, Ringplatz, Kaffeehaus – erste Begegnung gesehen.

Deutsche Leitkultur, Klein Jerusalem am Pruth; Geschichte spürbar erleben.
Geliebtes Brunnenland – Welt Gegend, in der Menschen und Bücher leben.

Hölderlin, Lasker-Schüler, Mann, Brecht; literarische Hürden überwinden.
Wortspielzeuge klingen – innere Melodik, um den Brunnenton zu finden.

Urbanes Leben, multikulturelle Kultur; Vernunft heißt hier Erhalt.
Minderheitenausgrenzung, Romanisierung – die geistig beginnende Gewalt.

Schleichendes verdrängen des Denkens; schon dicht am Rande des Schweigens.
Hindurchgehen, Gletscherstufen – Sprachvorboten massenhaften Kopfneigens.

Krieg oder Schalom, Wertewandel in Lauerstellung; Lebensbeginn des Kindes.
Brunnengeräusche, Chauvinistische Geräusche – nur das Flüstern des Windes.

Hans-Werner Kiefer

Kanaan
Mischtechnik auf Papier – 65 x 50 cm – 2007

Kanaan

Sklaven Ägyptens, Würde verloren; sie senken das unerlöste Gesicht.
Tod dem Pharao, großer Hauseinsturz – Gedanken, bevor ihr Stolz zerbricht.

Israeliten in Not, welcher Wille geschehe?; des Fremdlings Bünde zerreißen.
Gott hebt sein Gesicht – du Hirte Abram bekommst Kanaan verheißen.

Vater der Menge, nachkommende Sterne am Himmel; von Jahwe bestimmt.
Der prophetische Weg entsteht im Gehen – sehet, das Judentum beginnt.

Biblische Erscheinung, ephemeres Verwehen; Kanaan auf ewig versprochen.
Die Erwählung Israels zum Volke Jahwes – dieser Bund wird nie gebrochen.

Spurensuche im Sand, brennender brennender? Dornbusch; Jahwes Wort zählt.
Mord, Flucht, Wüste, Rückkehr – du Sklave Mose wirst auserwählt.

Berg Sinai, Farbklangschreie, die Welt reißt sich auf; der Exodus gelingt.
Gottes Volk Gottes Land – sehet, die Erwählungsverpflichtung beginnt.

Pentateuch, Tora, Talmud; unauslöschbare Worte, die Jahwes Werk vollenden.
Moses Tod, Überquerung des Jordans – du Joshua wirst den Weg beenden.

Landnahme, Gottesgarantie; das Land Kanaan gehört den Juden ganz allein.
Kabbala, Realität, Ideologie – Wirklichkeit will gesucht und gewonnen sein.

Hans-Werner Kiefer

Horim

Blitze über den Pruth, roter Himmel über Czernowitz; parabolische Lichter.
Menschen in Bücher versunken – Weltgegend elitärer Gesichter.

Dreiundzwanzigelfzwanzig, der Kleine; mit von Tarsus religiös verwandt.
Hineingestottert, Richtung Kanaan – in Moses Spuren im Buchenland.

Vaters psalmodierender Kosmos, Mutters Denken; durch Gitterstäbe betrachtet.
Unter Menschen Mensch sein – deutsch jüdische Kultur die ihn erwartet.

Mosaische Lebensbindung, ephemeres Verwehen; Hoffnungen reanimieren.
Vaters Gedanken – die Angst, durch Freiheiten Estra zu verlieren.

Lesen heißt Wissen, Schutz, Macht; Imas Geist zeigt sein Gesicht.
Mutters Gedanken – die Quelle für ein späteres Epochengedicht.

Groß-Rumänien, `jeled vor Augen; die ungewisse Zukunft in Händen.
Elterlicher Lichtgedanke – wer nichts beginnt kann nichts vollenden.

Hans-Werner Kiefer

Nur der Hauch des Lebens
Mischtechnik auf Papier – 63 x 49 cm – 2007

Nur der Hauch des Lebens

Ich bin Jude; mit Abram, Mose und Jesu Christi in biblischer Gesellschaft.
Fixierter Glaube, der mir Grundlagen und Atmung verschafft.

Wer hilft mir, der Gewalt im Labyrinth zu entkommen?,
Freiheit wird nie geschenkt, immer nur gewonnen.

Aman?, Kosmos?, Mose oder Buddha?, Schlangen oder Tauben?,
wer nichts weiß, muss alles glauben.

Gläubiger Mensch sein; ohne missbräuchlich aufgesetzten Heiligenschein,
ich kämpfe, um in religiösen Fesseln frei zu sein.

Jude – Goj, Bonn – Simbabwe; das Ungleichgewicht wird alles vernichten,
die Ideologie als Waffe, entlade ich mit meinen Gedichten.

Ich sehe militante Glaubenskriege; Vergebung wird es nicht geben,
eine neue Sinnflut wird kommen; nur neue Gedanken werden überleben.

An einem dritten Tag warten wir auf einen neuen Jahwe vergebens,
die endliche Erwählung ist nur der Hauch des Lebens.

Hans-Werner Kiefer

Chaim

Unbeschwert spiele ich hinter Türen und in Ecken,
ich lache; bleibe unerkannt beim Verstecken.

Gemeinsame Freunde, unbeschwerte Gedanken; mein Leben hat einen Sinn,
beim Spielen interessiert es keinen, dass ich Jude bin.

Beim schaufeln im Sand entstehen Formen; sehen aus wie Urnen,
plötzlich höre ich Musik, höre Befehle für Kinder, die turnen.

Die Zeit verblüht, aktuelle Pogrome und Leitkulturen zerreißen mich,
meine Sprache muss wieder hindurchgehen; „No-Go-Areas" meide ich.

Ich dachte, die Eigenverantwortung wird mir nie mehr genommen,
doch ich fühle, euren ideologischen Würgegriff werde ich niemals
entkommen.

Ich könnte auch Atheist, Buddhist, Hindu, Moslem oder Christ sein,
ich werde mich nicht mehr verstecken, will Jude sein.

Ich soll bescheiden sein, rechtlos sein, heimatlos sein,
für euch nur ein Gast sein.
Vaterunser „denn dein ist das Reich"; meint Gott einen neuen Schornstein?

Einigkeit und Recht und Freiheit
Für das deutsche Vaterland
Danach lasst uns alle streben
Gilt dies auch für mein Leben?

„Der Bevölkerung": Erdhaufen im Reichstag die aus Deutschland stammen,
ich bin Jude, achte auf das Robbenvolk; kühle eure Flammen.

Hans-Werner Kiefer

Doppelerwählung

Der Himmel über Sinai öffnet sich mit klangfarbigen Gottesblitzen,
ich erblicke das Licht; sehe die Erwählungsverpflichtung in den Bergspitzen.

Wer erwählt ist zum heiligen Gottesvolk,
dem werden Zeugen fehlen, den erwischt das Tätervolk.

Die Weite der Eisenbahnschienen führt in die Einladestelle,
Gedanken fahren vom Standpunkt zur untererdischen Endhaltestelle.

Ich spüre die erdrückende Enge meiner Wege zur blutroten Feuerwache,
spüre das Unsagbare; die Enge meiner tödlichen Muttersprache.

Blicke offenbaren das Ende des Weges zum Abgrund meiner Lebenszeit,
ich höre Todesgeräusche von einer durch Gott erwählten Persönlichkeit.

Ich gehöre zum Gottesvolk; als Träger eines gelben Judensterns erwählt,
vom süßen Apfel verführt; vom braunen Volk mit kalten Augen ausgewählt.

Wo bist du Gott, der du uns auserwähltest in deinem Sinne zu leben?,
wo bist Du Gott, wenn sie jetzt ihren rechten Arm gegen uns erheben?.

Ich soll keinen anderen Gott neben dir haben, das soll ich verstehen,
oh Gott, lasse mich blind genug sein, ihn zu übersehen.

Ich habe verstanden; zweimal erwählt und nun im Erdreich vergraben,
um deine süßen Früchte im Hinterhof des Himmels bitter zu erfahren.

Hans-Werner Kiefer

Deine Uhr

Poesie im Hintergrund; die Weite unserer Sinne öffnet sich,
Frieden liegt in der Luft; ich liebe dich.

Du hältst mich fest und teilst mit mir lyrische Gedanken,
deine warmen Augen lassen Lebenswurzeln in unsere Zukunft ranken.

Wir lesen Hölderlin und Rilke; reden über Gott und die Welt,
wir ahnen nicht; Schaufel und Blei sind längst bestellt.

Es öffnet sich gegen uns der braune Hintergrund einer tödlichen Liebe,
„SS-Mann, deine Ehre heißt Treue"; Verführung wegen faschistischer Ziele.

Die Führerliebe des braunen Robbenvolkes ist grenzenlos,
sie verbrennen Bücher und öffnen Todesfugen; vergaste Juden sind atemlos.

Die braune Uhr wird durch die Haltbarkeit des Judensterns geprägt,
es gibt keinen Grabstein, der unsere Namen und unsere Lebenszeit trägt.

Halte deine Uhr selbst in der Hand, lasse sie niemals von anderen tragen,
wenn braune Lämmer dein Leben bestimmen, hört sie auf zu schlagen.

Hans-Werner Kiefer

Mutter
Mischtechnik auf Papier – 30 x 40 cm – 2007

Mutter

Der Tau des Morgens weckt mich, versunken noch in seelentiefen Stunden,
die Geräusche deines Zuges überhört;
dein Schweigen schlägt mir tiefe Wunden.

Meine Nähe zu dir habe ich mit meiner Flucht beendet,
ach Mutter, habe ich dich in den ewigen Schlaf gesendet?.

Ein Fluch der Schuld schickt mir ein treuer Lebensgefährt,
ins Dunkel des Todes, der Einlass gewährt.

Verzweifelt habe ich deine Spuren gesucht,
du warst alleine und verlassen; spurenloses göttliches Versagen.
Ich spüre erst später; Gott hatte dich getragen.

Meine Kopfuhr pendelt hin und her; lässt Selbstmordabsichten schwanken,
Mutter; ich lege mich bald zu deinen Gedanken.

Findet dein sickerndes Blut dort unten die Quelle voneinander,
unsere Wurzeln umarmen bald einander.

In Michailowka, wo du im Zeitloch hinüberschläfst in die Unendlichkeit,
schreibe ich deinen Namen auf das Tor der Ewigkeit.

Hans-Werner Kiefer

Lebensnarbe
Mischtechnik auf Papier – 63 x 49 cm – 2007

Lebensnarbe

In der Herbstdämmerung höre ich vom Kirchturm unsere Glockenmelodie,
Gedanken schicken meine Sehnsucht wieder an den Ort meiner Melancholie.

Vom Sternenhimmel fallen Regentropfen in mein Gesicht,
ich schließe die Augen und sehe dunkles Licht;
spüre Leben, das meine Seele zerbricht.

Wie eine Schlange warten die Menschen auf den tödlichen Biss,
sie haben ein betäubendes Wort gefunden: Vergiss.

Vergessen soll ich das Geschehene, einfach vergessen.
Ich weine ohne Tränen, bin vom Schmerz der Erinnerung besessen.

Bin Gefühlskrieger geworden, Sein und Nichtsein kämpfen um mein Leben,
ich schwanke zum Guten; strecke dem Leben meine Hand entgegen.

Doch immer noch fällt Dreck aus dem Mund von Millionen,
dieser rutschende Abgrund verschüttet wieder all meine Illusionen.

Faschisten fliegen Warteschleifen und leugnen Mutters Blutversinken,
immer wieder sehe ich ihren Körper durch bleierne Blitze zu Boden sinken.

Jetzt gehen fremde Schritte über sie hinweg;
Maskenträger beschmieren ihr Niemandshaus mit brauner Farbe,
doch meine Muttersprache zeigt ihnen lebenslänglich ihre Lebensnarbe.

Hans-Werner Kiefer

Der Himmel über Paris
Mischtechnik auf Papier – 30 x 40 cm – 2007

Der Himmel über Paris

Ich sitze am Ufer der Seine und schreibe Diktate meiner Gedanken,
eingegrenzt und eingesargt durch innere Freiheitsschranken.

Die Engel sind stumm geworden, ist dies dein Wille?,
zeigst du mir deshalb am Himmel das Leuchten der Stille?.

Die Robben fühlen sich noch immer im Gleichklang der Worte wohl,
unsere Fundamente sind wieder gefährlich hohl.

Meine Eltern umgebracht, meine Sprachen mit tödlichen Giften besprüht,
der Tod ist eine wunderschöne Blume, die nur einmal blüht.

Gesellschaftliche Haltepunkte sind glatt geworden, so dass ich abrutschen muss,
tief in die Seine, meinem letzten Heimatfluss.

Meine Narben können Körper und Seele nicht mehr zusammenhalten,
der Tod wird nun doch seine Ernte erhalten.

Gott öffnet den Himmel über Paris und beendet meine Lebenszeit,
ich bin leider nur ein Augenblick aus Ewigkeit.

Hans-Werner Kiefer

Lebenswellen
Mischtechnik auf Papier – 60 x 48 cm – 2007

Lebenswellen

In deinen Werken und Gedichten will ich lesen,
um zu ergründen, was in deinem Sinne gewesen.

In dein Gesicht und in deine Augen will ich sehen,
um die Seelenqualen und das Leiden zu verstehen.

In deinem Wissen und in deiner Stärke will ich schwimmen,
um zu kämpfen, gegen die lauernden Donnerstimmen.

In deinen Lebenswellen will ich tauchen,
um diesem Ziel neue Kraft einzuhauchen.

Rosemarie Fronert

Seelentiefen
Mischtechnik auf Papier – 63 x 48 cm – 2007

Seelentiefen

Früher Kindheit süße Sprache,
die dich noch so zart umhüllt,
doch dich später fast zerdrückt,
dir die Wurzel deiner Liebe nimmt.

Neu erfinden musst du Wörter,
um die Qualen zu beschreiben,
die in deiner Seele brennen
und dir deine Sinne rauben.

Braune Tropfen – immer wieder,
wie sie dir dein Herz zerfressen,
neidvoll wird das Blatt zerrissen,
auf dem die Zeit dein Leben schrieb.

Dunkelheit in allen Höfen,
durch die du dich hindurch begibst,
hoffnungslos gekränkt – zerstört,
endet es in kühlen Tiefen.

Rosemarie Fronert

Grauer Rauch
Mischtechnik auf Papier – 49 x 39 cm – 2007

Grauer Rauch

Als deine Raben noch flogen – himmelwärts,
über das Land und die Menschen die dich umgaben,
sandtest sie aus um zu suchen nach Wissen, nach Liebe, nach Herz
und du flogst durch die Lüfte mit dem Sternenwagen.

Grauer Rauch, der dir den Blick und den Atem nahm,
nichts mehr sichtbar, schweigend die Mutter,
Erde in deren Schoß dein Leben die Form bekam,
der Fenriswolf reißt sein Maul auf und jagt sein Futter.

Mit blitzenden Klingen aus deiner Mitte vertrieben,
Wurzeln des Seins im Steinbruch zerschlagen,
durch Schaufeln zerstörtes „in dir", nur die errettete Hülle verblieben.
Wie Tannin gefüttert mit Kuchen aus Pech,
stirbt das, was dich früher getragen.

Rosemarie Fronert

Trauriges Herz

Trauriges Herz, hinter Mauern verschlossen;
im Schatten verborgen, aus Angst zu zerbrechen.
Den Schmerz des Verlustes,
nicht mehr Willens zu spüren.
Trauriges Herz, hör mich doch an!
In der Kälte werden noch mehr deiner Tränen vergossen.

Rosemarie Fronert

Die Stille der Nacht

Die Musik der Nacht ist die Stille,
die mit ihrer, mich an sich fesselnden Kraft,
meine Gedanken im Kopf für mich hörbar macht.

Dieses Gewirr – es ummantelt mich,
ich atme es ein – ich atme es aus,
es nistet sich ein in mein Seelenhaus,
hinterlässt Furchen darin, in denen Neues erwacht.

Rosemarie Fronert

Einst?

Einst?, zwei Mächtige sich stritten,
der eine wollte „mehr",
der andere hatte es und gab`s nicht her.
Und da sie dessen mächtig waren,
beriefen sie das Volk in Scharen
zu kämpfen für das „mehr",
es lohne sich doch sehr.

Weil alle dies ganz einfach glaubten,
sich so der Wahrheit selbst beraubten,
sie Bomben und Raketen bauten
und sich mit bösem Blick beschauten.

So kam es wie es kommen muss,
in blinder Wut, zum ersten Schuss.
Die Mächtigen hört man nun rufen,
obgleich sie selbst den Hass erschufen,
„Wir werden dies nun alles rächen
und lassen uns`re Waffen sprechen!"

Der Krieg beginnt, die Bomben fallen
und viele sterben unter Qualen.
Um den Willen nicht zu brechen,
muss man den General bestechen,
dass weiter wird der Kampf befohlen,
geschmückt mit Durchhalteparolen.

Erst als das letzte Haus zu Schutt,
die Menschen tot, das Land kaputt,
wird es den Machthabern dann klar,
dass dieser Krieg ein Fehler war.

Rosemarie Fronert

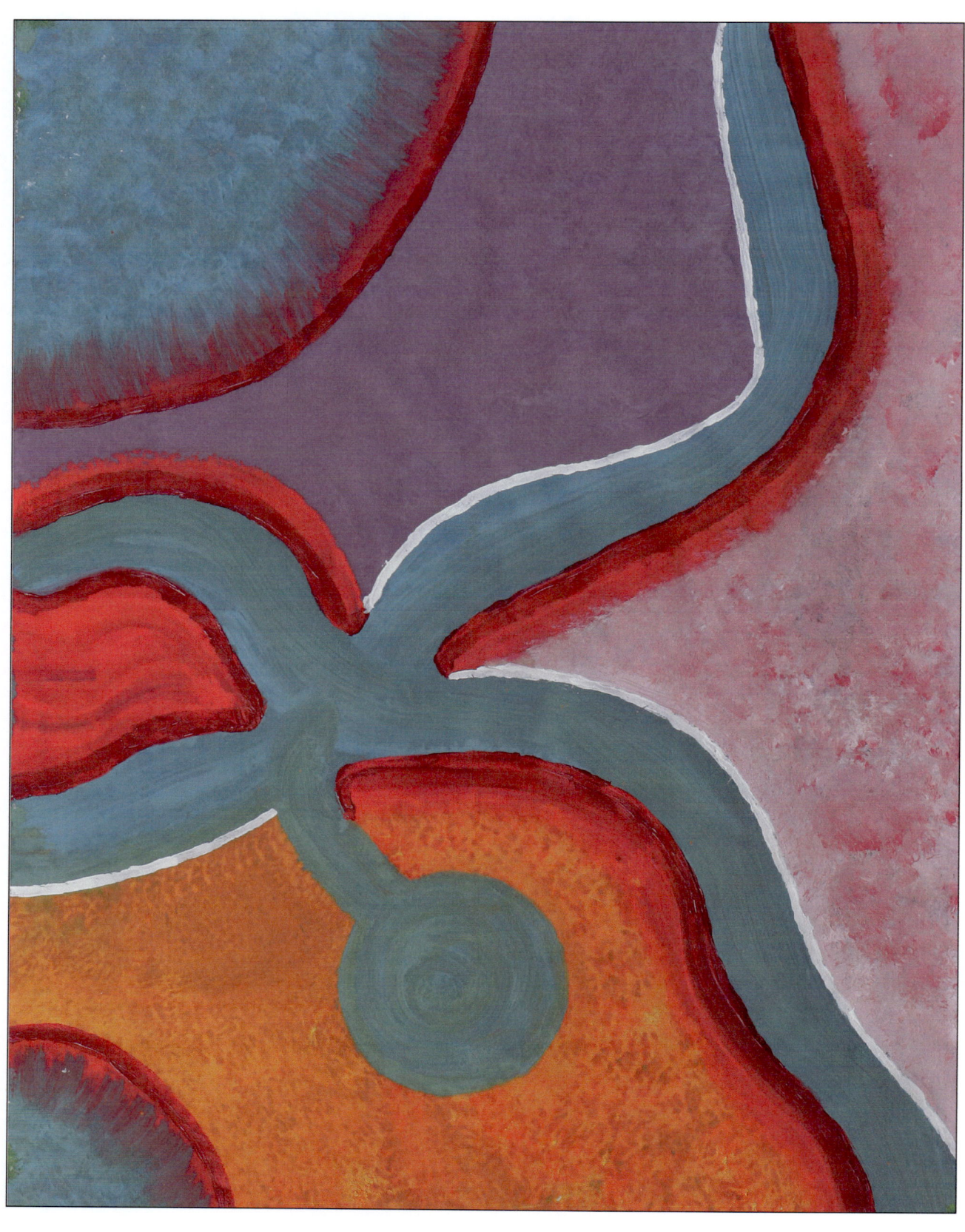

Kopfuhr
Mischtechnik auf Papier – 49 x 60 cm – 2007

Kopfuhr

Meine Kopfuhr tickt,
ich liege wach in meinem Traum
und ich sehe – es ist noch nicht!.
Wann wird es zeitnah?.

Wer speist die Lämmer mit Augentrost,
für das Tränenmeer, das fließen muss?.

Unverstand wird das Schubladenpacken befohlen,
Herdenläufer trotten durch ihre Geschichtsleeren.
Der Nimmersatte füttert Unwissenheit mit Parolen,
um genügend Berserker für seine Zwecke zu gebären.

Wer kann die blutroten Blätter zählen,
die der gesäte Wind vom Baume fegt?.

Meine Kopfuhr tickt,
ich liege wach in meinem Traum
und ich sehe – es ist noch nicht!.
Wann ist die Zeit nah?.

Rosemarie Fronert

Die Gottesstreiter
Acryl auf Leinwand – 40 x 40 cm – 2007

Die Gottesstreiter

Viele Zettel werden noch in der westlichen Mauer stecken,
bis sie die kalten Mauern in den Herzen der Menschen bedecken.

Nimm doch die Angst aus deinen Augen und du wirst es sehen,
der Stamm wächst aus der gleichen Wurzel,
nur die Äste sind es, die auseinander gehen.

Aus jedem Zweig erwächst die kostbare Frucht „Leben",
alle genährt aus der gleichen Mutter Erde.
Werden die Äste zerstört, wird es auch die Wurzel nicht mehr geben.

Der wahre Gottesstreiter kämpft nicht mit Waffen,
er zwingt sein eigenes Ich die Erkenntnis zu erlangen,
dass das Glück im Miteinander liegt und er wird Frieden schaffen.

Rosemarie Fronert

Strohhalm

Entsetzt und geschockt hat er vernommen;
das Glas ist fast leer!.
Dabei hat er gedacht,
es wäre noch zu füllen – irgendwie.

An Strohhalmen klammernd und mit aller Macht,
versucht er aus dem Schwamm des Lebens,
ein paar Tropfen heraus zu bekommen,
ohne Rücksicht auf Schmerzen und Qual,
um sein Glas noch einmal zu füllen.

Nur noch ein einziges Tröpfchen bleibt ihm,
verzweifelt versucht er dies zu erhalten,
über Tage und Wochen – hilflos – machtlos,
dem Gesetz des Lebens wird er nicht entkommen.

Das Glas ist jetzt leer!.
Nun kann man erkennen;
der lange Kampf – er war sinnlos.

Er wusste noch nicht,
dass der Tod den Frieden ihm bringt,
es steht jetzt in seinem Gesicht.

Rosemarie Fronert

Warteschleife
Acryl auf Leinwand – 30 x 20 cm – 2007

Warteschleife

Am Rande des Abgrunds tanzt meine Seele zum Schwanengesang,
ich stürz in die Tiefe – ein Netz hat nur meine Tränen gefangen.

Sie hängen mit bleierner Schwere am seidenen Faden,
wann wird er zerreissen, wieviele werden ihm noch aufgeladen?.

Noch tausend – oder nur eine?. So dünn ist das Netz gewebt
und es scheint, das mein Glück am Henkersbeil klebt.

Bleib ich am Leben, wird es sich nicht offenbaren,
doch schlage ich zu, werd ich es auch nie erfahren.

Darum flieg ich durchs Nimmer, zieh meine Acht jeden Tag
und suche im Traum, was mir das Leben nicht geben mag.

Rosemarie Fronert

Hans-Werner Kiefer
geboren am 04.03.1958

Paul Celan
Nur der Hauch des Lebens
Gedichte und Bilder

Der Autor

Hans-Werner Kiefer arbeitet seit 2004 als Publizist und freiberuflich bildender Künstler. In seinen künstlerischen Arbeiten zeigt er die Verbindung und Beziehung von Musik, Literatur und Malerei.

Der sichtbare Ausdruck von Emotionen, Empfindungen und expressive Farbigkeit kennzeichnen dabei seinen eigenständigen expressionistischen Stil.

Die innere Spannung, den Klängen und der Sprache ein ephemeres Gesicht in seinen Bildern zu geben, beschreibt die Suche, mit klaren und interessanten Ausdrucksmitteln, die gleichzeitig mehrere Sinne ansprechen, in das Thema einzudringen und die direkte Auseinandersetzung zu suchen.

Sie findet ihre Vorbilder in den großen Dichtern und Lyrikern der vergangenen Jahrhunderte wie Rainer Maria Rilke, Rose Ausländer, Paul Celan und Heinrich Böll sowie Komponisten wie Giacomo Puccini und Antonin Dvorak sowie Maler wie Pablo Picasso, Edvard Munchs und Frida Kahlo.

Nur durch eine Rückbesinnung auf deren intellektuelles Erbe ist für Hans-Werner Kiefer die kulturelle Identität zu erhalten.

Die Stärke seines Zugangs zu Paul Celan liegt in der Kombination von Gedichten und Bildern und der vor allem in den Gedichten manifestierten, sehr persönlichen Auseinandersetzung mit dem Judentum Paul Celans.

Dies steht auch im Mittelpunkt seines in Kürze erscheinenden Buches:

„Paul Celan – Unsichtbares sichtbar machen", mit dem gelungenen wechselseitigen Ineinandergreifen von biographischen, historischen, religionsgeschichtlichen, lyrischen und malerischen Ausführungen.

Hans-Werner Kiefer zeigt und benennt dem Betrachter durch seine Bilder und dem Leser durch seine Gedichte eine Wirklichkeit, dessen Existenz realistisch, wirklichkeitsnah und zu trauen ist. Seine Balance zwischen Dichtung und Wirklichkeit überzeugt.

Rosemarie Fronert
geboren am 21.05.1966

Paul Celan
Nur der Hauch des Lebens
Gedichte und Bilder

Die Autorin

Die freischaffende Künstlerin Rosemarie Fronert möchte mit ihren Bildern und Gedichten; die ineinander greifend auf den Betrachter und Leser wirken sollen, eine individuelle Gefühlswelt eröffnen, durch die sich auch eine neue, gedankliche Welt erschließen lässt.

Sie misst den Wert ihrer Arbeit darin, in wieweit sich dem Betrachter eine bisher nicht erkannte Sicht der Thematik bietet.

Um ihren Bildern Ausdruck zu verleihen, versucht Rosemarie Fronert nicht nur Gedichte und Themen, sondern auch Töne, Klänge und Musik in Form von Farben und Formen mit einfließen zu lassen, um so mit ihren Bildern das versteckte Unbewusste des Betrachters hervorzuholen.

Hung-Drum und Orff-Instrumente, sowie die Musik von Karl Orff beeinflussen deshalb ihre Arbeiten auch mit, da sie auf besondere Art und Weise Sinne und Gefühle erwecken.

Rosemarie Fronerts Auseinandersetzung mit Paul Celan hat Suchen und Finden vereint; sie machen auch deshalb ihre Bilder und Gedichte so zugänglich und nicht austauschbar.

Die Unvorstellbarkeit des Geschehenen, das Leise der Trauer aber auch die positiven Zukunftsblicke sind in ihren aktuellen Arbeiten ineinander verwachsen.

Hinter Rosemarie Fronerts Lyrik verbirgt sich eine tiefere Bedeutung und Symbolik, die es zu erkunden lohnt.

Paul Celan
Nur der Hauch des Lebens

Gedichte und Bilder
von
Hans-Werner Kiefer und Rosemarie Fronert

Buchumschlag: Hans-Werner Kiefer
Titel: Nur der Hauch des Lebens
Mischtechnik auf Papier, 2007 , 0,63 x 0,49 cm

Buchnummer: ISBN 978-3-8334-7328-9

Herstellung und Verlag: Books on Demand GmbH, Norderstedt

Bibliografische Informationen der Deutschen Nationalbibliothek.
Die Deutsche Nationalbibliothek verzeichnet diese Publikation in der
Deutschen Nationalbibliothek; detaillierte bibliografische Daten sind
im Internet über http://dnb.ddb.de abrufbar.